Ricettario della friggitrice ad aria per principianti

Un libro di cucina per principianti con ricette deliziose e facili.
Risparmia soldi e tempo con piatti deliziosi, sorprendenti e appetitosi.

Ursula Mayert

Tabella dei contenuti

—

Inoltre, la trasmissione, la duplicazione o la riproduzione di una qualsiasi delle seguenti opere, comprese le informazioni specifiche, sarà considerata un atto illegale, indipendentemente dal fatto che sia fatto elettronicamente o a stampa. Ciò si estende alla creazione di una copia secondaria o terziaria dell'opera o di una copia registrata ed è consentito solo con l'espresso consenso scritto dell'Editore. Tutti i diritti aggiuntivi sono riservati.

Le informazioni contenute nelle pagine seguenti sono ampiamente considerate un resoconto veritiero e accurato dei fatti e come tali, qualsiasi disattenzione, uso o abuso delle informazioni in questione da parte del lettore renderà qualsiasi azione risultante esclusivamente sotto la loro responsabilità. Non ci sono scenari in cui l'editore o l'autore originale di questo lavoro possano essere in alcun modo ritenuti responsabili per qualsiasi difficoltà o danno che possa accadere dopo aver intrapreso le informazioni qui descritte.

Inoltre, le informazioni contenute nelle pagine seguenti sono intese solo a scopo informativo e devono quindi essere considerate come universali. Come si addice alla sua natura, sono presentate senza garanzia della loro validità prolungata o della loro qualità provvisoria. I marchi di fabbrica che sono menzionati sono fatti senza consenso scritto e non possono in alcun modo essere considerati un'approvazione da parte del titolare del marchio.

Introduzione

Una friggitrice ad aria è un elettrodomestico da cucina relativamente nuovo che ha dimostrato di essere molto popolare tra i consumatori. Mentre ci sono molte varietà diverse disponibili, la maggior parte delle friggitrici condivide molte caratteristiche comuni. Tutte hanno elementi riscaldanti che fanno circolare aria calda per cuocere il cibo. La maggior parte è dotata di impostazioni pre-programmate che aiutano gli utenti a preparare un'ampia varietà di cibi.

La frittura ad aria è uno stile di cottura più sano perché usa meno olio dei metodi tradizionali di frittura. Mentre conserva il sapore e la qualità del cibo, riduce la quantità di grasso usato nella cottura. La frittura all'aria è un metodo comune per "friggere" gli alimenti che sono fatti principalmente con uova e farina. Questi alimenti possono essere morbidi o croccanti a vostro piacimento usando questo metodo.

Come funzionano le friggitrici ad aria

Le friggitrici ad aria usano una ventola per far circolare l'aria calda intorno al cibo. L'aria calda riscalda l'umidità del cibo fino a farla evaporare e creare vapore. Quando il vapore si accumula intorno al cibo, crea una pressione che tira l'umidità dalla superficie del cibo e la spinge via dal centro, formando piccole bolle. Le bolle creano uno strato d'aria che circonda il cibo e crea una crosta croccante.

Scegliere una friggitrice ad aria

Quando si sceglie una friggitrice ad aria, cercane una che abbia buone recensioni per la soddisfazione dei clienti. Inizia con le caratteristiche di cui hai bisogno, come la potenza, le dimensioni della capacità e gli accessori. Cercane una che sia facile da usare. Alcune friggitrici ad aria sul mercato hanno un timer incorporato e una temperatura regolabile. Cercatene una con un imbuto per catturare il grasso, un cestello lavabile in lavastoviglie e parti facili da pulire.

Come usare una friggitrice ad aria

Per i migliori risultati, preriscalda la friggitrice ad aria a 400 F per 10 minuti. Preriscaldare la friggitrice ad aria permette di raggiungere la giusta temperatura più velocemente. Inoltre, preriscaldare la friggitrice ad aria è essenziale per assicurarsi che il cibo non si bruci.

Come cucinare cose in una friggitrice ad aria

Se non avete ancora una friggitrice ad aria, potete iniziare a giocare con i vostri forni buttandoci dentro delle patatine fritte congelate e cuocendole fino a quando non sono dorate in modo uniforme. A seconda del vostro forno, date un'occhiata alla temperatura. Potrebbe essere necessario aumentare o diminuire il tempo.

Quali cibi si possono cucinare in una friggitrice ad aria?

Uova: anche se è possibile cucinare le uova in una friggitrice ad aria, non lo consigliamo perché non è possibile controllare il tempo di cottura e la temperatura con la stessa precisione di una padella tradizionale. È molto più facile ottenere uova cotte in modo non uniforme. Inoltre, non si possono aggiungere salse o condimenti e non si ottengono bordi croccanti e dorati.

Cibi congelati: Generalmente, i cibi congelati sono meglio cucinati nel forno convenzionale perché hanno bisogno di raggiungere una certa temperatura per essere cotti correttamente. La friggitrice ad aria non è in grado di raggiungere temperature tali da rendere il cibo completamente cotto.

Cibi disidratati: I cibi disidratati richiedono una frittura, che non è qualcosa che si può fare con una friggitrice ad aria. Quando si tratta di cucinare cibi disidratati, la friggitrice ad aria non è l'opzione migliore.

Verdure: È possibile cucinare le verdure in una friggitrice ad aria, ma bisogna assicurarsi che la friggitrice ad aria non sia impostata ad una temperatura tale da bruciarle.

Per assicurarti che le tue verdure non siano troppo cotte, avvia la friggitrice ad aria con il cestello spento, poi buttaci dentro le verdure quando l'aria si è riscaldata e non ci sono più punti freddi.

Assicurati di mescolare le verdure ogni pochi minuti. Anche la cottura nel cestello è un'opzione, ma potrebbero attaccarsi un po'.

Patatine fritte: Friggere le patatine in una friggitrice ad aria è un buon modo per ottenere patatine croccanti e dorate senza aggiungere molto olio. Rispetto alla frittura convenzionale, la frittura ad aria produce meno calorie.

Per cucinare le patatine fritte in una friggitrice ad aria, usate un cestello o una rastrelliera e versate abbastanza olio da arrivare circa a metà dell'altezza delle patatine. Per i migliori risultati, assicurati che le patatine siano congelate. Girate la friggitrice a 400 gradi e impostatela per 12 minuti. Se le vuoi extra croccanti, puoi impostare per 18 minuti, ma potrebbero bruciarsi un po'.

Vantaggi di una friggitrice ad aria:

- È uno dei modi più semplici per cucinare cibi sani. Usato 4-5 volte alla settimana, è un'opzione più sana che friggere con olio nel forno convenzionale o usare cibi in scatola.

- I pasti con la friggitrice ad aria sono un modo facile per servire cibi gustosi che non occupano molto spazio. Le friggitrici ad aria permettono di cucinare tre volte più cibo che nel microonde.

- Le friggitrici ad aria hanno un piccolo ingombro e si possono riporre in un armadio quando non si usano.

-Sono elettrodomestici da cucina versatili. Puoi usarli per cucinare cibo per pranzo, cena e spuntini.

- Le friggitrici ad aria richiedono poco o niente per la cucina. Si possono usare con il coperchio, il che significa che c'è meno da lavare.

Costolette di maiale all'aglio

Tempo di preparazione: 10 minuti

Tempo di cottura: 10 minuti

Porzioni: 4

Ingredienti:

- cucchiaino di prezzemolo
- cucchiaino di spicchi d'aglio grattugiati
- 1 cucchiaio di olio di cocco
- 1 cucchiaio di burro di cocco
- costolette di maiale

Indicazioni:

1. Preparare gli ingredienti. Assicurati che la tua friggitrice ad aria sia preriscaldata a 350 gradi.

2. Mescolare burro, olio di cocco e tutti i condimenti. Poi strofinare la miscela di condimento su tutti i lati delle braciole di maiale. Mettere in un foglio di alluminio, sigillare e raffreddare per 1 ora.

3. Rimuovere le braciole di maiale dalla pellicola e metterle nella friggitrice ad aria.

4. Frittura ad aria. Impostare la temperatura a 350°F e impostare il tempo a 7 minuti. Cuocere 7 minuti da un lato e 8 minuti dall'altro.

5. Irrorare con olio d'oliva e servire con un'insalata verde.

Nutrizione:

Calorie: 526;

Grasso: 23g;

Proteine:41g;

Zucchero:4g

Bistecche di maiale cajun

Tempo di preparazione: 5 minuti

Tempo di cottura: 20 minuti

Porzioni: 6

Ingredienti:

- 4-6 bistecche di maiale
- Salsa barbecue:
- Condimento Cajun
- 1 cucchiaio di aceto
- 1 cucchiaino di salsa di soia a basso contenuto di sodio
- ½ C. zucchero di canna

Indicazioni:

1 Preparare gli ingredienti. Assicuratevi che la vostra friggitrice ad aria sia preriscaldata a 290 gradi.

2 Cospargere le bistecche di maiale con il condimento Cajun.

3 Combinare gli ingredienti rimanenti e spennellare sulle bistecche. Aggiungere le bistecche rivestite alla friggitrice ad aria.

4 Frittura ad aria. Impostare la temperatura a 290°F e impostare il tempo a 20 minuti. Cuocere 15-20 minuti fino a doratura.

Nutrizione:

Calorie: 209;

Grasso: 11g;

Proteine:28g;

Zucchero:2g

Maiale grigliato in agrodolce Cajun

Tempo di preparazione: 5 minuti

Tempo di cottura: 12 minuti

Porzioni: 3

Ingredienti:

- ¼ di tazza di zucchero di canna
- 1/4 di tazza di aceto di sidro
- Lombo di maiale da 1 libbra, tagliato a cubetti da 1 pollice
- cucchiai di condimento Cajun
- cucchiai di zucchero di canna

Indicazioni:

1   Preparare gli ingredienti. In un piatto poco profondo, mescolare bene la lonza di maiale, 3 cucchiai di zucchero di canna e il condimento Cajun. Mescolare bene per ricoprire. Marinare nel ref per 3 ore.

2   In una ciotola media mescolare bene, zucchero di canna e aceto per imbastire.

3 Infilare i pezzi di maiale negli spiedini. Imbastire
   con la salsa e posizionare sulla griglia per
   spiedini nella friggitrice ad aria.

4 Frittura all'aria. Per 12 minuti, cuocere a 360°F.
   A metà del tempo di cottura, girare gli spiedini e
   imbastire con la salsa. Se necessario, cuocere in
   lotti.

5 Servire e gustare.

Nutrizione:

Calorie: 428;

Grasso: 16.7g;

Proteine:39g;

Zucchero:2g

Lombo di maiale con patate

Tempo di preparazione: 10 minuti

Tempo di cottura: 25 minuti

Porzioni: 2

Ingredienti:

- libbre di lombo di maiale
- patate rosse grandi, tritate
- ½ cucchiaino di aglio in polvere
- ½ cucchiaino di fiocchi di pepe rosso, schiacciati
- Sale e pepe nero, a piacere

Indicazioni:

1 In una grande ciotola, mettere insieme tutti gli ingredienti tranne la glassa e mescolare per ricoprire bene. Preriscaldare la friggitrice ad aria a 325 gradi F. Mettere la lonza nel cestello della friggitrice ad aria.

2 Disporre le patate intorno al lombo di maiale.

3 Cuocere per circa 25 minuti.

Nutrizione:

Calorie:260

Grasso: 8g

Carboidrati: 27g

Proteine: 21g

Char Siew arrosto (culo di maiale)

Tempo di preparazione: 10 minuti

Tempo di cottura: 25 minuti

Porzioni: 4

Ingredienti:

- 1 striscia di spalla di maiale con una buona quantità di grasso marmorizzato
- Marinata:
- 1 cucchiaino di olio di sesamo
- cucchiai di miele grezzo
- 1 cucchiaino di salsa di soia leggera
- 1 cucchiaio di vino rosa

Indicazioni:

1 Mescolare tutti gli ingredienti della marinata e metterli in un sacchetto Ziploc. Mettere la carne di maiale nel sacchetto, assicurandosi che tutte le sezioni della striscia di maiale siano inghiottite dalla marinata. Raffreddare per 3-24 ore.

2 Tira fuori la striscia 30 minuti prima di pianificare la cottura e preriscalda la tua friggitrice ad aria a 350 gradi.

3 Mettere un foglio di alluminio su una piccola padella e spennellare con olio d'oliva. Mettere la striscia di maiale marinata sulla padella preparata.

4 Impostare la temperatura a 350°F e impostare il tempo a 20 minuti. Arrostire 20 minuti.

5 Glassare con la marinata ogni 5-10 minuti.

6 Togliere la striscia e lasciare raffreddare qualche minuto prima di affettare.

Nutrizione:

Calorie: 289;

Grasso: 13g;

Proteine:33g;

Zucchero:1g

Costolette di maiale asiatiche

Tempo di preparazione: 2 ore e 10 minuti

Tempo di cottura: 15 minuti

Porzioni: 2

Ingredienti:

- 1/2 tazza di salsa hoisin
- cucchiai di aceto di sidro di mele
- 1 cucchiaio di salsa di peperoncino dolce asiatico
- Costolette di maiale disossate (1/2 pollice di spessore)
- sale e pepe

Indicazioni:

1   Mescolare insieme hoisin, salsa di peperoncino e aceto in una grande ciotola. Separare un quarto di tazza di questa miscela, poi aggiungere le braciole di maiale alla ciotola e lasciare riposare in frigorifero per 2 ore. Tirare fuori le braciole di maiale e metterle su un piatto. Cospargere ogni lato della braciola di maiale in modo uniforme con sale e pepe.

2   Cuocere a 360 gradi per 14 minuti, girando a metà strada. Spennellare con la marinata riservata e servire.

Nutrizione:

Calorie: 338;

Grasso: 21g;

Proteine:19g;

Fibra:1g

Costolette di maiale marinate

Tempo di preparazione: 10 minuti

Tempo di cottura: 30 minuti

Servire: 2

Ingredienti:

- braciole di maiale, disossate
- 1 cucchiaino di aglio in polvere
- ½ tazza di farina
- 1 tazza di latticello
- Sale e pepe

Indicazioni:

1 Aggiungere le braciole di maiale e il latticello in un sacchetto con chiusura lampo. Sigillare il sacchetto e mettere da parte in frigorifero per una notte.

2 In un altro sacchetto con chiusura lampo, aggiungere la farina, l'aglio in polvere, il pepe e il sale.

3 Togliere le braciole di maiale marinate dal latticello e aggiungere la miscela di farina e scuotere fino a quando sono ben rivestite.

4 Preriscaldare il forno della friggitrice istantanea a 380 F.

5 Spruzzare il vassoio della friggitrice con spray da cucina.

6 Disporre le braciole di maiale su un vassoio e friggere all'aria per 28-30 minuti. Girare le braciole di maiale dopo 18 minuti.

7 Servire e gustare.

Nutrizione:

Calorie 424

Grasso 21,3 g

Carboidrati 30,8 g

Proteina 25,5 g

Bistecca con burro al formaggio

Tempo di preparazione: 10 minuti

Tempo di cottura: 8-10 minuti

Porzioni: 2

Ingredienti:

- bistecche di costata
- cucchiaino di aglio in polvere
- 1/2 cucchiaio di burro al formaggio blu
- 1 cucchiaino di pepe
- cucchiaino di sale kosher

Indicazioni:

1 Preriscaldare la friggitrice a 400 F.

2 Mescolare insieme aglio in polvere, pepe e sale e strofinare sulle bistecche.

3 Spruzzare il cestello della friggitrice con spray da cucina.

4 Mettere la bistecca nel cestello della friggitrice ad aria e cuocere per 4-5 minuti su ogni lato.

5 Coprire con il formaggio blu al burro.

6 Servire e gustare.

Nutrizione:

Calorie 830

Grasso 60 g

Carboidrati 3 g

Zucchero 0 g

Proteine 70g

Colesterolo 123 mg

Ciotole di cozze

Tempo di preparazione: 5 minuti

Tempo di cottura: 15 minuti

Porzioni: 2

Ingredienti:

- libbre di cozze, strofinate
- once di birra nera
- 1 cipolla gialla, tritata
- once di salsiccia piccante, tritata
- 1 cucchiaio di paprika

Indicazioni:

1   Unite tutti gli ingredienti in una padella adatta alla vostra friggitrice ad aria.

2   Mettere la padella nella friggitrice ad aria e cuocere a 400 gradi F per 12 minuti.

3   Dividere le cozze in ciotole, servire e gustare!

Nutrizione:

Calorie 201,

Grasso 6,

Fibra 7,

Carboidrati 17,

Proteina 7

Miscela di pollo e pepe

Tempo di preparazione: 5 minuti

Tempo di cottura: 20 minuti

Porzioni: 2

Ingredienti:

- cosce di pollo disossate
- Sale e pepe nero a piacere
- ½ tazza di aceto balsamico
- spicchi d'aglio tritati
- ½ tazza di salsa di soia

Indicazioni:

1. In un contenitore adatto alla vostra friggitrice ad aria, mescolate il pollo con tutti gli altri ingredienti e fatelo saltare.
2. Mettere la padella nella friggitrice e cuocere a 380 gradi F per 20 minuti.
3. Dividere il tutto tra i piatti e servire.

Nutrizione:

Calorie 261,

Grasso 7,

Fibra 5,

Carboidrati 15,

Polpette di salmone

Tempo di preparazione: 10 minuti

Tempo di cottura: 7 minuti

Porzioni: 2

Ingredienti:

- oz di filetto di salmone, tritato
- 1 limone, tagliato a fette
- 1/2 cucchiaino di aglio in polvere
- 1 uovo, leggermente sbattuto

- 1/8 di cucchiaino di sale

Indicazioni:

1 Aggiungere tutti gli ingredienti tranne le fette di limone nella ciotola e mescolare fino a quando non sono ben combinati.

2 Spruzzare il cestello della friggitrice con spray da cucina.

3 Mettere la fetta di limone nel cestello della friggitrice ad aria.

4 Fate delle polpette di forma uguale con la miscela di salmone e mettetele sopra le fette di limone nel cestello della friggitrice ad aria.

5 Cuocere a 390 F per 7 minuti.

6 Servire e gustare.

Nutrizione:

Calorie 184

Grasso 9,2 g

Carboidrati 1 g

Zucchero 0,4 g

Proteina 24,9 g

Colesterolo 132 mg

Gamberi con verdure

Tempo di preparazione: 10 minuti

Tempo di cottura: 20 minuti

Porzioni: 2

Ingredienti:

- 50 piccoli gamberi
- 1 cucchiaio di condimento Cajun
- 1 sacchetto di verdure miste congelate
- 1 cucchiaio di olio d'oliva

Indicazioni:

1 Rivestire il cestello della friggitrice con un foglio di alluminio.

2 In una grande ciotola, mettere tutti gli ingredienti e mescolare bene.

3 Trasferire il composto di gamberi e verdure nel cestello della friggitrice ad aria e cuocere a 350 F per 10 minuti.

4 Mescolare bene e cuocere per altri 10 minuti.

5 Servire e gustare.

Nutrizione:

Calorie 101

Grasso 4 g

Carboidrati 14 g

Zucchero 1 g

Proteina 2 g

Colesterolo 3 mg

Ali di pollo all'aglio e peperoncino

Tempo di preparazione: 10 minuti

Tempo di cottura: 35 minuti

Porzioni: 2

Ingredienti:

- libbre di ali di pollo
- cucchiaino di sale stagionato
- 1/2 tazza di farina di cocco
- 1/4 di cucchiaino di aglio in polvere
- 1/4 di cucchiaino di polvere di peperoncino

Indicazioni:

1 Preriscaldare la friggitrice a 370 F.

2 In una ciotola, mettere tutti gli ingredienti
   tranne le ali di pollo e mescolare bene.

3 Aggiungere le ali di pollo nella ciotola.

4 Spruzzare il cestello della friggitrice con spray
   da cucina.

5 Aggiungere le ali di pollo per lotti nel cestello
   della friggitrice ad aria.

6 Cuocere per 35-40 minuti. Scuotere a metà
   cottura.

7 Servire e gustare.

Nutrizione:

Calorie 440

Grasso 17,1 g

Carboidrati 1 g

Zucchero 0,2 g

Proteina 65 g

Petti di tacchino all'aglio e funky

Tempo di preparazione: 10 minuti

Tempo di cottura: 25 minuti

Porzioni: 2

Ingredienti:

- ½ cucchiaino di aglio in polvere
- cucchiai di burro
- ¼ di cucchiaino di origano secco
- Petti di tacchino da 1 libbra, disossati
- 1 cucchiaino di pepe e sale

Indicazioni:

1 Condire il tacchino su entrambi i lati generosamente con aglio, origano secco, sale e pepe

2 Impostare la friggitrice ad aria sulla modalità sauté e aggiungere il burro, lasciare che il burro si sciolga

3 Aggiungere i petti di tacchino e soffriggere per 2 minuti su ogni lato

4 Chiudere il coperchio e selezionare l'impostazione "Bake/Roast", cuocere per 15 minuti a 355 gradi F

5 Servire e gustare

Nutrizione:

Calorie 223,

Grasso 13g,

Carboidrati 5g,

Proteine 19g

Ali di pollo al peperoncino

Tempo di preparazione: 10 minuti

Tempo di cottura: 35 minuti

Porzioni: 2

Ingredienti:

- ½ tazza di salsa piccante
- ½ tazza di acqua
- cucchiai di burro
- 32 once di ali di pollo congelate
- ½ cucchiaino di paprika

Indicazioni:

1 Aggiungere tutti gli ingredienti nel cestello di cottura e croccante e posizionare il cestello all'interno della friggitrice ad aria

2 Mettere il coperchio della pentola a pressione sopra la pentola e chiudere la valvola a pressione in posizione di tenuta. Impostare la funzione pentola a pressione su fuoco alto e impostare il timer per 5 minuti

3   Una volta terminata la cottura, rilasciare

rapidamente la pressione aprendo con cautela la

valvola della vaporiera

Servire caldo

Nutrizione:

Calorie 311,

Grasso 23g,

Carboidrati 0g,

Proteina 24g

Bacchette al limone

Tempo di preparazione: 10 minuti

Tempo di cottura: 28 minuti

Porzioni: 2

Ingredienti:

- ½ tazza di salsa piccante
- cucchiai di burro
- ½ tazza di acqua
- 1/3 di tazza di succo di limone
- 1 libbra di bacchetta di tamburo

Indicazioni:

1 Aggiungere tutti gli ingredienti nel cestello di cottura e croccante e posizionare il cestello all'interno della friggitrice ad aria

2 Mettere il coperchio della pentola a pressione sopra la pentola e chiudere la valvola a pressione in posizione di tenuta. Impostare la funzione pentola a pressione su fuoco alto e impostare il timer per 5 minuti

3 Subito dopo la fine della cottura, rilasciare rapidamente la pressione aprendo con cautela la valvola della vaporiera.

Servire caldo

Nutrizione:

Calorie 414,

Grasso 26g,

Carboidrati 3g,

Proteine 42g.

Pollo alla salsa verde

Tempo di preparazione: 5 minuti

Tempo di cottura: 25 minuti

Porzioni: 2

Ingredienti:

- once di Salsa Verde
- 1 cucchiaio di paprika
- 1 libbra di petti di pollo disossati
- 1 cucchiaino di coriandolo macinato
- 1 cucchiaino di coriandolo

Indicazioni:

1 Strofinare i petti di pollo disossati con la paprika, il pepe nero macinato e il coriandolo. Impostare la pentola a pressione in modalità "Pressione".

2 Mettere il pollo disossato nella pentola a pressione. Cospargere la carne con la salsa Verde e mescolare bene.

3 Chiudere il coperchio della pentola a pressione e cuocere per 30 minuti.

4 Quando il tempo di cottura finisce, rilasciare la pressione e trasferire il pollo nella ciotola di miscelazione. Sminuzzare bene il pollo. Servire.

Nutrizione:

Calorie: 160

Grasso: 4g

Carboidrati: 5g

Proteine: 26g

Manzo di Madeira

Tempo di preparazione: 5 minuti

Tempo di cottura: 25 minuti

Porzioni: 6

Ingredienti:

- 1 tazza di Madeira
- 1 libbra e mezza di carne di manzo, tagliata a cubetti
- Sale e pepe nero a piacere
- 1 cipolla gialla, tagliata sottile
- 1 peperoncino, affettato

Indicazioni:

1   Mettere la rastrelliera reversibile nella friggitrice ad aria, aggiungere la teglia all'interno e mescolarvi tutti gli ingredienti.

2   Cuocere in modalità Baking a 380 gradi F per 25 minuti, dividere il mix in ciotole e servire.

Nutrizione:

Calorie 295,

Grasso 16,

Fibra 9,

Carboidrati 20,

Proteina 15.

Maiale cremoso e zucchine

Tempo di preparazione: 5 minuti

Tempo di cottura: 25 minuti

Porzioni: 4

Ingredienti:

- 1 libbra e mezza di carne di maiale da stufato, tagliata a cubetti
- 1 tazza di salsa di pomodoro
- 1 cucchiaio di olio d'oliva
- zucchine, tagliate a fette
- Sale e pepe nero a piacere

Indicazioni:

1 Mettere la rastrelliera reversibile nella friggitrice ad aria, aggiungere la teglia all'interno e mescolarvi tutti gli ingredienti.

2 Cuocere in modalità Baking a 380 gradi F, dividere la miscela in ciotole e servire.

Nutrizione:

Calorie 284,

Grasso 12,

Fibra 9,

Carboidrati 17,

Proteina 12.

Satay di tofu con la friggitrice ad aria

Tempo di preparazione: 30 minuti

Tempo di cottura: 25 minuti

Porzioni: 2

Ingredienti:

- 1 blocco di tofu, extra sodo
- cucchiai di salsa di soia
- cucchiaino di pasta di zenzero e aglio
- 1 cucchiaino di salsa sriracha

- 1 cucchiaio di sciroppo d'acero + succo di lime

Indicazioni:

1 Mescolare lo sciroppo d'acero con il succo di lime, la pasta d'aglio e zenzero, la sriracha e la salsa di soia in un robot da cucina o in un frullatore. Frullare il tutto fino ad ottenere un composto omogeneo.

2 Tagliare il tofu a strisce. Aggiungere la purea sulle strisce e lasciare marinare per 15-30 minuti.

3 Immergere 6 spiedini di bambù nell'acqua mentre il tofu marina.

4 Con un tagliafili, tagliate ogni spiedino in due, poiché uno spiedino intero non entrerà nella friggitrice.

5 Infilzare una striscia di tofu su ogni bastoncino di bambù. Spiedo attraverso il lato non tagliato dello spiedino.

6 Mettere gli spiedini nella friggitrice ad aria. Imposta la temperatura a 370 F e lascia cuocere per 15 minuti. Non è necessario gettare il contenuto.

7 Servire con la salsa al burro di arachidi.

Nutrizione:

Calorie: 236

Grasso: 11g

Carboidrati: 17g

Proteine: 17g

Tofu al barbecue dolce e appiccicoso

Tempo di preparazione: 10 minuti

Tempo di cottura: 50 minuti

Porzioni: 2

Ingredienti:

- 1 ½ tazza di salsa BBQ
- 1 blocco di tofu, extra sodo
- Olio per ingrassare

Indicazioni:

1 Fissare la temperatura a 400°F e preriscaldare la friggitrice ad aria.

2 Premere il tofu e tagliarlo a cubetti di 1".

3 Metteteli su una teglia unta.

4 Applicare uno strato di salsa BBQ e lasciarlo cuocere nella friggitrice ad aria per 20 minuti. Tenetelo da parte.

5 Aggiungere ½ tazza di salsa BBQ in una casseruola di vetro. La salsa deve essere distribuita uniformemente nella casseruola. Mettere i cubetti di tofu cotti in cima e aggiungere un altro strato di salsa.

6 Trasferiteli di nuovo nella friggitrice ad aria e lasciateli cuocere per 30 minuti.

7 Buon divertimento!

Nutrizione:

Calorie: 173

Grasso: 10g

Carboidrati 9g

Proteine: 16g

Veggie Bowl

Tempo di preparazione: 10 minuti

Tempo di cottura: 30 minuti

Porzioni: 2

Ingredienti:

- tazze di cavoletti di Bruxelles
- tazze di patata dolce
- cucchiaino di aglio in polvere
- cucchiai di salsa di soia a basso contenuto di sodio
- Spray da cucina

Indicazioni:

1 Mettere le patate dolci nella friggitrice ad aria. Aggiungere un leggero strato d'olio per saltare.

2 Aggiungere 1 cucchiaino di aglio in polvere e mescolare.

3 Impostare la temperatura a 400 F e cuocere per 15 minuti. Tossire dopo 5 minuti.

4 Trasferire i cavoletti di Bruxelles nel cestello di cottura e spruzzare uno strato di olio e l'aglio in polvere rimanente. Mescolateli bene e cuoceteli a 400 F per 5 minuti.

5 Versare un po' di salsa di soia e scuotere per ricoprire le verdure in modo uniforme.

6 Impostare alla stessa temperatura e cuocere per 5 minuti. Controllate quando arriva a 2 minuti e buttate il contenuto.

7 Il tempo di cottura dipenderà dalla verdura. Una volta che le verdure sono pronte, saranno morbide e marroni.

Nutrizione:

Calorie: 261

Grasso: 8g

Carboidrati: 28g

Proteine: 14g

Pelle di pesce fritta all'aria

Tempo di preparazione: 10 minuti

Tempo di cottura: 15 minuti

Porzioni: 2

Ingredienti:

- ½ libbra di pelle di salmone
- cucchiai di olio per il cuore
- Sale e pepe, se necessario

Indicazioni:

1 Fissare la temperatura a 400° F e preriscaldare la friggitrice ad aria per 5 minuti.

2 Assicurarsi che la pelle del salmone sia asciutta.

3 In una ciotola, aggiungere tutti i componenti e combinare bene.

4 Trasferire gli ingredienti nel cestello della friggitrice ad aria e chiuderlo

5 Lasciare cuocere per 10 minuti a una temperatura di 400 F.

6 Scuotere gli articoli a metà del tempo di cottura, per assicurarsi che la pelle sia cotta in modo uniforme.

Nutrizione:

Calorie:150

Grasso:13

Carboidrati:3

Proteine: 9

Pesce tailandese al forno

Tempo di preparazione: 10 minuti

Tempo di cottura: 25 minuti

Porzioni: 2

Ingredienti:

- 1 libbra di filetto di merluzzo
- 1 cucchiaio di succo di lime
- ¼ di tazza di latte di cocco
- Sale e pepe, se necessario

Indicazioni:

1 Tagliare il filetto di merluzzo in piccoli pezzi.

2 Fissare la temperatura a 325°F e preriscaldare la friggitrice per 5 minuti.

3 Aggiungere tutti gli ingredienti in una teglia e trasferirli in una friggitrice ad aria.

4 Lasciate cuocere per 20 minuti a una temperatura di 325 F.

5 Buon divertimento!

Nutrizione:

Calorie: 333

Grasso: 5g

Carboidrati: 56g

Proteine: 18g

Brasato di manzo in scatola al forno

Tempo di preparazione: 10 minuti

Tempo di cottura: 55 minuti

Porzioni: 2

Ingredienti:

- 1 cipolla media, tritata
- tazze di acqua
- cucchiai di senape di Digione
- libbre di petto di manzo sotto sale

Indicazioni:

1. Fissare la temperatura a 400° F e preriscaldare
   la friggitrice ad aria per 5 minuti.

2. Affettare la punta di petto a tocchetti

3. Aggiungere tutti gli ingredienti in una teglia che si inserisce all'interno della friggitrice ad aria.

4. Lasciate cuocere per 50 minuti a una temperatura di 400 F.

5. Buon divertimento!

6. Nutrizione:

Calorie: 320

Grasso: 22g

Carboidrati: 10g

Proteine: 21g

Croccanti bocconcini di maiale Keto

Tempo di preparazione: 5 minuti

Tempo di cottura: 25 minuti

Porzioni: 2

Ingredienti:

- 1 cipolla media
- ½ libbra di pancetta di maiale
- cucchiai di crema di cocco
- 1 cucchiaio di burro
- Sale e pepe, a piacere

Indicazioni:

1 Affettare la pancia di maiale in strisce uniformi e sottili

2 La cipolla deve essere tagliata a dadini.

3 Trasferite tutti gli ingredienti in una terrina e lasciate marinare in frigorifero per le prossime due ore.

4 Fissare la temperatura a 350 F e preriscaldare la friggitrice ad aria per 5 minuti.

5 Tieni le strisce di maiale dentro la friggitrice ad aria e lasciale cuocere per 25 minuti a una temperatura di 350 F.

6   Buon divertimento!

Nutrizione:

Calorie: 448

Grasso:42g

Carboidrati: 2g

Proteine: 20g

Funghi di soia e aglio

Tempo di preparazione: 2 ore e 5 minuti

Tempo di cottura: 25 minuti

Porzioni: 2

Ingredienti:

- chili di funghi
- spicchi d'aglio
- ¼ di tazza di amino di cocco
- cucchiai di olio d'oliva

Indicazioni:

1 Trasferire tutti gli ingredienti in un piatto e combinare fino a quando sono ben incorporati.

2 Lasciare marinare per 2 ore in frigorifero

3 Fissare la temperatura a 350 F e preriscaldare per 5 minuti.

4 Trasferire i funghi in un piatto resistente al calore che possa entrare in una friggitrice ad aria

5 Lasciate cuocere per 20 minuti a una temperatura di 350 F.

6 Buon divertimento!

Nutrizione:

Calorie: 216

Grasso:16g

Carboidrati: 13g

Proteine:11g

Crack Chicken

Tempo di preparazione: 5 minuti

Tempo di cottura: 30 minuti

Porzioni: 2

Ingredienti:

- 1 blocco di formaggio cremoso
- petti di pollo
- fette di pancetta
- ¼ di tazza di olio d'oliva
- Sale e pepe

Direzione:

1 Fissare la temperatura a 350 °F e lasciare che la friggitrice ad aria si preriscaldi per 5 minuti

2 In una pirofila che possa adattarsi alla friggitrice, mettete il pollo.

3 Applicare la crema di formaggio e l'olio d'oliva su di esso. Friggere la pancetta e sbriciolarla sopra il pollo.

4 Condire come necessario.

5 Trasferire il piatto nella friggitrice ad aria e cuocerlo per 25 minuti a una temperatura di 350 F.

6 Buon divertimento!

Nutrizione:

Calorie: 250

Carboidrati: 14 g

Grasso: 19 g

Proteine: 22 g

Arrosto di manzo a prova di proiettile

Tempo di preparazione: 2 ore

Tempo di cottura: 2 ore e 5 minuti

Porzioni: 2

Ingredienti:

1. 1 tazza di manzo biologico
2. cucchiai di olio d'oliva
3. libbre di arrosto di manzo
4. Sale e pepe, a piacere

Indicazioni:

- Mettete tutti gli ingredienti in un sacchetto richiudibile e lasciate marinare in frigorifero per circa due ore.
- Fissare la temperatura a 400° F e preriscaldare la friggitrice ad aria per 5 minuti.
- Mettete gli ingredienti nel sacchetto Ziploc in una teglia che si adatti alla friggitrice ad aria.
- Lasciate cuocere per 2 ore a una temperatura di 400 F.
- Servire mentre è caldo.

Nutrizione:

Calorie: 280

Carboidrati: 13 g

Grasso: 15 g

Proteine: 26 g

Pesce gatto fritto all'aria

Tempo di preparazione: 5 minuti

Tempo di cottura: 20 minuti

Porzioni: 2

Ingredienti:

- 1 uovo intero
- filetti di pesce gatto
- ¼ di tazza di farina di mandorle
- Sale e pepe, a piacere
- cucchiai di olio d'oliva

Indicazioni:

1 Fissare la temperatura a 350 F e preriscaldare la friggitrice ad aria per 5 minuti.

2 Cospargere il filetto di pesce gatto con un po' di sale e pepe.

3 Sbattere le uova, immergervi il pesce gatto e passarlo nella farina di mandorle.

4 Rimuovere l'eccesso e applicare uno strato di olio d'oliva sulla sua superficie.

5 Trasferire il pesce nella friggitrice ad aria e lasciarlo cuocere per 15 minuti a una temperatura di 350 F.

6   Buon divertimento!

Nutrizione:

Calorie: 210

Carboidrati: 9 g

Grasso: 11 g

Proteine: 17 g

Filetto di pesce al limone

Tempo di preparazione: 5 minuti

Tempo di cottura: 20 minuti

Porzioni: 2

Ingredienti:

- filetti di pesce salmone
- ½ tazza di farina di mandorle
- 1 limone
- cucchiai di olio vegetale
- 1 uovo intero

Indicazioni:

1 Fissare la temperatura a 400° F e preriscaldare la friggitrice ad aria per 5 minuti.

2 Condire il pesce con limone, sale, pepe e olio vegetale.

3 Sbattere l'uovo e immergervi il filetto. Coprire il filetto con la farina di mandorle.

4 Trasferire il pesce nel cestello di cottura e lasciarlo cuocere per 15 minuti a una temperatura di 400 F.

5 Buon divertimento!

Nutrizione:

Calorie: 230

Carboidrati: 10 g

Grasso: 12 g

Proteine: 20 g

Gamberi al cocco

Tempo di preparazione: 10 minuti

Tempo di cottura: 10 minuti

Porzioni: 2

Ingredienti:

- 1 tazza di cocco, non zuccherato ed essiccato
- gamberi grandi
- 1 tazza di farina bianca
- 1 tazza di albume d'uovo
- 1 tazza di pangrattato panko

Indicazioni:

1 Tenere i gamberi su alcuni tovaglioli di carta.

2 Unire il pangrattato e il cocco in una padella e tenerlo da parte.

3 In un'altra padella, mescolare l'amido di mais e la farina e tenerlo da parte.

4 Tenere gli albumi in una ciotola

5 Mettere i gamberi, uno alla volta, prima nella miscela di farina. Poi immergerli nell'albume e infine nel composto di pangrattato.

6 Trasferire tutti i gamberi nel cestello della friggitrice ad aria.

7 Regolare la temperatura a 400 F e il tempo a 10 minuti.

8 A metà del tempo di cottura, è possibile girare i gamberi se necessario.

9 Buon divertimento!

Nutrizione:

Calorie: 220

Carboidrati: 11 g

Grasso: 10 g

Proteine: 16 g

Ali di bufalo

Tempo di preparazione: 5 minuti

Tempo di cottura: 30 minuti

Porzioni: 2

Ingredienti:

- cucchiai di salsa piccante
- lb. ali di pollo
- cucchiai di burro fuso
- Sale e pepe, a piacere

Indicazioni:

- Tagliare le estremità delle ali di pollo
- Mescolare la salsa piccante e il burro fuso.

- Lasciate marinare il pollo nella salsa piccante per tutta la notte o per diverse ore in frigorifero.
- Impostare la temperatura a 390 F e preriscaldare la friggitrice ad aria
- Trasferire le ali nel cestello di cottura e lasciarle cuocere per 14 minuti.
- Fare la salsa extra con 3 cucchiai di burro fuso e ¼ di tazza di salsa piccante.
- Prendete un sacchetto di plastica o una ciotola e aggiungeteci le ali di pollo. Aggiungete un po' di salsa extra se necessario.
- Servire con salsa di formaggio blu o ranch.

Nutrizione:

Calorie: 190

Carboidrati: 9 g

Grasso: 9 g

Proteine: 15 g

Bistecca di costata

Tempo di preparazione: 5 minuti

Tempo di cottura: 25 minuti

Porzioni: 2

Ingredienti:

1. 1 cucchiaio di olio d'oliva

2. libbre di costata di manzo

3. 1 cucchiaio di strofinamento per bistecche

Indicazioni:

- Regolare il tempo di cottura della friggitrice ad aria a 4 minuti e poi impostare la temperatura a 400 F per preriscaldare.

- Strofinare entrambi i lati della bistecca con il rub e l'olio d'oliva.

- Trasferire la bistecca nel cestello per friggere all'aria.

- Impostare il tempo di cottura a 14 minuti e la temperatura a 400 F.

- Una volta trascorsi 7 minuti, girare la bistecca sull'altro lato.

- Quando la cottura è terminata, togliete la bistecca dalla friggitrice e lasciatela raffreddare per 10 minuti prima di servirla.

Nutrizione:

Calorie: 310

Carboidrati: 16 g

Grasso: 19 g

Proteine: 34 g

Deliziose bistecche calde

Tempo di preparazione: 5 minuti

Tempo di cottura: 10 minuti

Porzioni: 2

Ingredienti:

1   bistecche, 1 pollice di spessore

2   ½ cucchiaino di pepe nero

3   1 cucchiaio di olio d'oliva

4   ½ cucchiaino di paprika macinata

5   Sale e pepe nero a piacere

Indicazioni

- Riscaldare la friggitrice a 390° F. Mescolare olio d'oliva, pepe nero, paprika, sale e pepe e strofinare sulle bistecche. Spargere uniformemente. Mettere le bistecche nella friggitrice e cuocere per 6 minuti, girandole a metà cottura.

Nutrizione:

Calorie: 300

Carboidrati: 15 g

Grasso: 19 g

Proteine: 32 g

Tortini cremosi di fegato di manzo

Tempo di preparazione: 5 minuti

Tempo di cottura: 20 minuti

Porzioni: 2

Ingredienti:

1   1 libbra di fegato di manzo, affettato

2   uova grandi

3   1 cucchiaio di burro

4   ½ cucchiaio di olio di tartufo nero

5   1 cucchiaio di panna

6   Sale e pepe nero

Indicazioni

- Preriscaldare la friggitrice ad aria a 320 F. Tagliare il fegato a fette sottili e mettere in frigo per 10 minuti. Separare i bianchi dai tuorli e mettere ogni tuorlo in una tazza. In un'altra ciotola, aggiungere la panna, l'olio al tartufo, il sale e il pepe e mescolare con una forchetta. Disporre metà del composto in un piccolo pirottino.

- Versare il bianco dell'uovo e dividerlo equamente tra i pirottini. Ricoprire con i tuorli d'uovo. Circondare ogni tuorlo con un fegato. Cuocere per 15 minuti e servire fresco.

Nutrizione:

Calorie: 215

Carboidrati: 11 g

Grasso: 10 g

Proteine: 20 g

Costolette di maiale alla crema

Tempo di preparazione: 5 minuti

Tempo di cottura: 20 minuti

Porzioni: 4

Ingredienti:

- braciole di maiale, taglio centrale
- cucchiai di farina
- cucchiai di panna acida
- Sale e pepe nero

- ½ tazza di pangrattato

Indicazioni

1 Rivestire le braciole con la farina. Versare la panna e strofinare delicatamente per ricoprire bene. Spargere il pangrattato in una ciotola e ricoprire ogni braciola di maiale con le briciole. Spruzzare le braciole con olio e disporle nel cestello della friggitrice ad aria. Cuocere per 14 minuti a 380 F, girando una volta a metà cottura. Servire con insalata, insalata mista o patate.

Nutrizione:

Calorie: 250

Carboidrati: 13 g

Grasso: 13 g

Proteine: 24 g

Pancia di maiale alle cinque spezie

Tempo di preparazione: 10 minuti

Tempo di cottura: 3 ore

Porzioni: 2

Ingredienti:

- 1 ½ lb di pancia di maiale, scottata
- 1 cucchiaino di condimento alle cinque spezie
- ½ cucchiaino di pepe bianco
- ¾ di cucchiaino di aglio in polvere
- 1 cucchiaino di sale

Indicazioni

1 Dopo aver scottato la pancia di maiale, lasciarla a temperatura ambiente per 2 ore per farla asciugare all'aria. Se c'è acqua in eccesso, tamponare con carta assorbente. Preriscaldare la friggitrice a 330 F. Prendere uno spiedino e trafiggere la pelle più volte possibile, in modo da garantire la croccantezza. Combinare i condimenti in una piccola ciotola e strofinarli sulla carne di maiale.

2 Mettere la carne di maiale nella friggitrice ad aria e cuocere per 30 minuti. Riscaldare a 350 F e cuocere per altri 30 minuti. Lasciare raffreddare leggermente prima di servire.

Nutrizione:

Calorie: 280

Carboidrati: 14 g

Grasso: 17 g

Proteine: 29 g

Bistecca di costata veloce

Tempo di preparazione: 5 minuti

Tempo di cottura: 10 minuti

Porzioni: 2

Ingredienti:

- libbre di costata di manzo
- 1 cucchiaio di olio d'oliva
- Sale e pepe nero a piacere

Indicazioni

1 Preriscaldare la friggitrice a 350 F. Strofinare entrambi i lati della bistecca con olio; condire con sale e pepe. Metti la bistecca nel cestello di cottura della friggitrice ad aria e cuoci per 8 minuti. Servire e gustare!

Nutrizione:

Calorie: 300

Carboidrati: 15 g

Grasso: 19 g

Proteine: 32 g

Filetti di maiale con mele

Tempo di preparazione: 5 minuti

Tempo di cottura: 50 minuti

Porzioni: 4

Ingredienti:

- filetti di maiale
- 1 mela, a spicchi
- 1 cannuccia alla cannella
- 1 cucchiaio di salsa di soia
- Sale e pepe nero

Indicazioni

1 In una ciotola, aggiungere la carne di maiale, la mela, la cannella, la salsa di soia, il sale e il pepe nero; mescolare per ricoprire bene. Lasciare riposare a temperatura ambiente per 25-35 minuti. Mettere la carne di maiale e le mele nella friggitrice ad aria e un po' di marinata. Cuocere a 380 F per 14 minuti, girando una volta a metà cottura. Servire caldo!

Nutrizione:

Calorie: 200

Carboidrati: 10 g

Grasso: 10 g

Proteine: 18 g

Fantastico bulgogi di manzo con funghi

Tempo di preparazione: 3 ore

Tempo di cottura: 20 minuti

Porzioni: 2

Ingredienti:

- oz di manzo
- ½ tazza di funghi affettati
- cucchiai di marinata bulgogi
- 1 cucchiaio di cipolla tagliata a dadini

Indicazioni

1 Tagliare il manzo a pezzetti e metterlo in una ciotola. Aggiungere il bulgogi e mescolare per rivestire completamente il manzo. Coprire la ciotola e metterla in frigo per 3 ore a marinare. Preriscaldare la friggitrice a 350 F.

2 Trasferire il manzo in una teglia; mescolare i funghi e la cipolla. Cuocete per 10 minuti, fino a quando sarà bello e tenero. Servire con delle patate arrosto e un'insalata verde.

Nutrizione:

Calorie: 220

Carboidrati: 12 g

Grasso: 11 g

Proteine: 23 g

Soufflé di fegato di manzo fatto in casa

Tempo di preparazione: 15 minuti

Tempo di cottura: 30 minuti

Porzioni: 2

Ingredienti:

- ½ libbra di fegato di manzo
- uova
- panini di oz
- 1 tazza di latte caldo
- Sale e pepe nero a piacere

Indicazioni

1   Tagliare il fegato a fette e metterlo in frigo per 15 minuti. Dividere i panini in pezzi e metterli a bagno nel latte per 10 minuti. Mettere il fegato in un frullatore e aggiungere i tuorli, il composto di pane e le spezie. Macinare i componenti e riempire i pirottini. Allineare i pirottini nel cestello della friggitrice ad aria; cuocere per 20 minuti a 350 F.

Nutrizione:

Calorie: 230

Carboidrati: 15 g

Grasso: 11 g

Proteine: 26 g

Autentica cotoletta di manzo alla viennese

Tempo di preparazione: 5 minuti

Tempo di cottura: 30 minuti

Porzioni: 4

Ingredienti:

1. cotolette di cotoletta di manzo
2. ½ tazza di farina
3. uova, sbattute
4. Sale e pepe nero
5. 1 tazza di pangrattato

Indicazioni

- Rivestire le cotolette di manzo nella farina e togliere l'eccesso. Immergere le cotolette rivestite nel composto di uova. Condire con sale e pepe nero. Poi immergerle nelle briciole e ricoprirle bene. Irrorare generosamente con olio e cuocere per 10 minuti a 360 F, girando una volta a metà cottura.

Nutrizione:

Calorie: 195

Carboidrati: 12 g

Grasso: 11 g

Proteine: 18 g

Arrosto di manzo alle erbe

Tempo di preparazione: 5 minuti

Tempo di cottura: 45 minuti

Porzioni: 2

Ingredienti:

- cucchiaino di olio d'oliva

- 1 libbra di manzo arrosto

- ½ cucchiaino di rosmarino secco

- ½ cucchiaino di origano secco

- Sale e pepe nero a piacere

Indicazioni

1 Preriscaldare la friggitrice ad aria a 400 F.
Versare l'olio sul manzo e cospargere di sale,
pepe ed erbe. Strofinare sulla carne con le
mani. Cuocere per 45 minuti per la cottura
media e 50 minuti per quella ben cotta.

2   Controllate a metà cottura e girate per assicurarvi che la cottura sia uniforme. Avvolgere il manzo nella pellicola per 10 minuti dopo la cottura per permettere ai succhi di riassorbire la carne. Affettare il manzo e servire con un contorno di asparagi al vapore.

Nutrizione:

Calorie: 235

Carboidrati: 12 g

Grasso: 13 g

Proteine: 28 g

Schnitzel di manzo senza sforzo

Tempo di preparazione: 5 minuti

Tempo di cottura: 20 minuti

Porzioni: 2

Ingredienti:

- cucchiai di olio vegetale
- oz pangrattato
- 1 uovo intero, sbattuto
- 1 cotoletta di manzo sottile, tagliata a strisce
- 1 limone intero

Indicazioni

1   Preriscaldare la friggitrice a 356 F. In una ciotola, aggiungere il pangrattato e l'olio e mescolare bene per ottenere un composto sciolto. Immergere la cotoletta nell'uovo, poi immergerla nel pangrattato. Mettere la cotoletta preparata nel cestello di cottura della friggitrice ad aria e cuocere per 12 minuti. Servire con un filo di succo di limone.

Nutrizione:

Calorie: 205

Carboidrati: 12 g

Grasso: 11 g

Proteine: 25 g

Costolette di maiale marinate dolci

Tempo di preparazione: 5 minuti

Tempo di cottura: 20 minuti

Porzioni: 3

Ingredienti:

- costolette di maiale, spesse ½ pollice
- Sale e pepe nero a piacere
- 1 cucchiaio di sciroppo d'acero
- 1 ½ cucchiaio di aglio tritato
- cucchiai di senape

Indicazioni

1 In una ciotola, aggiungere tutti gli ingredienti tranne il maiale e mescolare bene. Aggiungere la carne di maiale e saltarla nella salsa di senape per ricoprirla bene. Sfilare il cestello della friggitrice e mettere le braciole nel cestello; cuocere a 350 F per 6 minuti.

2 A metà cottura, girate la carne di maiale e cuocete ancora per 6 minuti. Una volta pronti, toglieteli su un piatto da portata e serviteli con un contorno di asparagi al vapore.

Nutrizione:

Calorie: 260

Carboidrati: 13 g

Grasso: 15 g

Proteine: 27 g

Palline di salsicce alla salvia

Tempo di preparazione: 5 minuti

Tempo di cottura: 20 minuti

Porzioni: 4

Ingredienti:

- Salsicce da mezzo chilo, affettate
- Sale e pepe nero a piacere
- 1 tazza di cipolla tritata
- cucchiai di pangrattato
- 1 cucchiaino di salvia

Indicazioni

1 Riscaldare la friggitrice ad aria a 340 F. In una ciotola, mescolare cipolle, carne di salsiccia, salvia, sale e pepe. Aggiungere il pangrattato in un piatto. Formare delle palline con il composto e rotolarle nel pangrattato. Aggiungere le palline di cipolla nel cestello di cottura della friggitrice ad aria e cuocere per 15 minuti. Servire e gustare!

Nutrizione:

Calorie: 185

Carboidrati: 10 g

Grasso: 11 g

Proteine: 17 g

Pancia di maiale con miele

Tempo di preparazione: 5 minuti

Tempo di cottura: 30 minuti

Porzioni: 8

Ingredienti:

- libbre di pancia di maiale
- ½ cucchiaino di pepe
- 1 cucchiaio di olio d'oliva
- 1 cucchiaio di sale
- cucchiai di miele

Indicazioni

1 Preriscaldare la friggitrice ad aria a 400 F. Condire la pancia di maiale con sale e pepe. Ungere il cestello con olio. Aggiungere la carne condita e cuocere per 15 minuti. Aggiungere il miele e cuocere per altri 10 minuti. Servire con insalata verde.

Nutrizione:

Calorie: 250

Carboidrati: 12 g

Grasso: 14 g

Proteine: 25 g

Cocktail Franks in Blanket

Tempo di preparazione: 5 minuti

Tempo di cottura: 20 minuti

Porzioni: 4

Ingredienti:

- once di salsicce da cocktail
- lattina di oz di panini crescenti

Indicazioni

1   Usare un tovagliolo di carta per tamponare gli affettati da cocktail per farli scolare completamente. Tagliare la pasta in rettangoli di 1 per 1,5 pollici usando un coltello. Arrotolare delicatamente gli affettati nelle strisce, assicurandosi che le estremità siano visibili Mettere in freezer per 5 minuti.

2   Preriscaldare la friggitrice a 330 F. Togliere i wurstel dal congelatore e metterli nel cestello della friggitrice e cuocere per 6-8 minuti. Aumentare la temperatura a 390 F. cuocere per altri 3 minuti fino a quando appare una bella consistenza dorata.

Nutrizione:

Calorie: 170

Carboidrati: 10 g

Grasso: 10 g

Proteine: 16 g

Spalla di maiale stagionata

Tempo di preparazione: 15 minuti

Tempo di cottura: 1 ora

Porzioni: 10

Ingredienti:

- libbre di spalla di maiale con pelle e ossa
- 2-3 cucchiai di condimento adobo
- Sale, come richiesto

Indicazioni:

1 Disporre la spalla di maiale su un tagliere, con la pelle verso il basso.

2 Condire il lato interno della spalla di maiale con il condimento adobo e il sale.

3 Condire il lato interno della spalla di maiale con sale e condimento adobo

4 Con degli spaghi da cucina, legare la spalla di maiale a forma di lungo cilindro rotondo.

5 Salare il lato esterno della spalla di maiale.

6 Inserire l'asta del girarrosto attraverso la spalla di maiale.

7 Inserire le forchette da rosticceria, una su ogni lato dell'asta per fissare la spalla di maiale.

8   Sistemare la leccarda sul fondo del forno
    tostapane Instant Omni Plus.

9   Ora, fai scorrere il lato sinistro dell'asta nella
    scanalatura lungo la barra di metallo in modo
    che non si muova.

10 Poi, chiudete la porta e toccate "Rotate".

11 Selezionare "Roast" e regolare la temperatura a
    350 gradi F.

12 Impostare il timer per 60 minuti e premere il
    tasto "Start".

13 Quando il tempo di cottura è completo, premere
    la leva rossa per rilasciare l'asta.

14 Togliere la carne di maiale dal forno e metterla
    su un piatto da portata per circa 10 minuti
    prima di affettarla.

15 Con un coltello, affettare la spalla di maiale in
    fette delle dimensioni desiderate e servire.

Nutrizione:

Calorie 397

Grasso totale 29,1 g

Grasso saturo 10,7 g

Colesterolo 122 mg

Sodio 176 mg

Carboidrati totali 0 g

Fibra 0 g

Zucchero 0 g

Proteina 31,7 g

Piano alimentare di 30 giorni

Giorno	Colazione	Pranzo/cena	Dessert
1	Grigliata di gamberi	Involtini di spinaci	Torta di crepe al matcha
2	Yogurt al cocco con semi di chia	Pieghevole al formaggio di capra	Mini torte di zucca alle spezie
3	Budino di chia	Torta di crêpe	Barrette di noci
4	Bombe di grasso all'uovo	Zuppa di cocco	Torta di libbra
5	Poltiglia mattutina	Tacos di pesce	Chips di tortilla con cannella
6	Uova alla scozzese	Insalata Cobb	Yogurt alla granola con bacche

7	Panino al bacon	Zuppa di formaggio	Sorbetto alle bacche
8	Noatmeal	Tartare di tonno	Frullato di bacche di cocco
9	Colazione al forno con carne	Zuppa di vongole	Frullato di latte di cocco e banana
10	Colazione Bagel	Insalata di manzo asiatico	Frullato di mango e ananas
11	Hash di uova e verdure	Carbonara Keto	Frullato verde al lampone
12	Cowboy Skillet	Zuppa di cavolfiore con semi	Frullato di bacche caricato
13	Quiche alla feta	Asparagi avvolti nel prosciutto	Frullato di papaya, banana e cavolo riccio
14	Frittelle di	Peperoni	Frullato di

	pancetta	ripieni	arancia verde
15	Cialde	Melanzane ripiene con formaggio di capra	Doppio frullato di bacche
16	Frullato al cioccolato	Korma Curry	Barrette proteiche energizzanti
17	Uova in cappelli di funghi Portobello	Barrette di zucchine	Brownies dolci e nocivi
18	Bombe grasse al Matcha	Zuppa di funghi	Keto Macho Nachos
19	Ciotola di frullato Keto	Funghi di Portobello ripieni	Gelato al burro di arachidi, cioccolato e banana con menta
20	Frittata di	Insalata di	Pesche alla

	salmone	lattuga	cannella e yogurt
21	Hash Brown	Zuppa di cipolla	Ghiaccioli di pera e menta e miele
22	Casseruola di Black's Bangin'	Insalata di asparagi	Frullato di arancia e pesche
23	Coppe di pancetta	Tabbouleh al cavolfiore	Frullato di mele speziate al cocco
24	Uova agli spinaci e formaggio	Manzo Salpicao	Frullato dolce e nocivo
25	Taco Wraps	Carciofo ripieno	Frullato di zenzero e bacche
26	Ciambelle al caffè	Involtini di spinaci	Frullato vegetariano amichevole
27	Frittata all'uovo al	Pieghevole al	Frullato ChocNut

	forno	formaggio di capra	
28	Risotto al ranch	Torta di crêpe	Frullato di fragola Coco
29	Uova alla scozzese	Zuppa di cocco	Frullato di bacche e spinaci all'uovo
30	Uova fritte	Tacos di pesce	Frullato di dessert cremoso

Conclusione

Grazie per essere arrivati alla fine di questo libro.

La friggitrice ad aria è un'aggiunta relativamente nuova alla cucina, ed è facile capire perché la gente si entusiasma ad usarla. Con una friggitrice ad aria, puoi fare patatine croccanti, ali di pollo, petti di pollo e bistecche in pochi minuti.

Ci sono molti cibi deliziosi che puoi preparare senza aggiungere olio o grasso al tuo pasto. Ancora una volta assicurati di leggere le istruzioni della tua friggitrice ad aria e segui le regole per un uso e una manutenzione corretti.

Una volta che la tua friggitrice ad aria è in buone condizioni di lavoro, puoi davvero diventare creativo e iniziare a sperimentare la tua strada verso un cibo sano e dal sapore fantastico.

Questo è tutto! Grazie!

CPSIA information can be obtained
at www.ICGtesting.com
Printed in the USA
LVHW080137060521
686585LV00002B/206